♡-lichen Glückwunsch zum 18. Geburtstag.

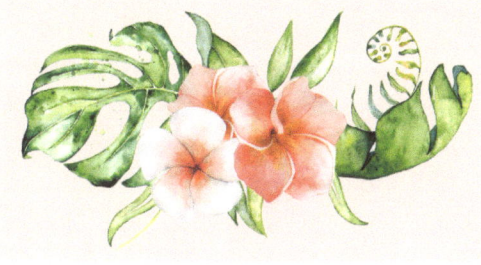

Don't worry…

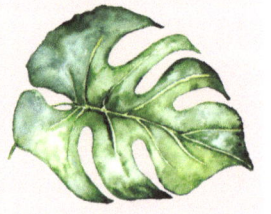

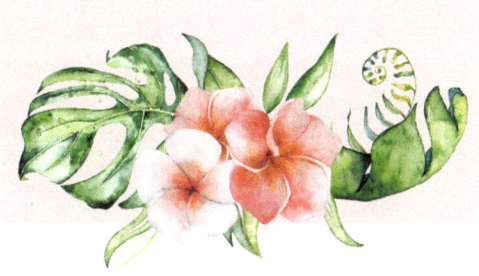

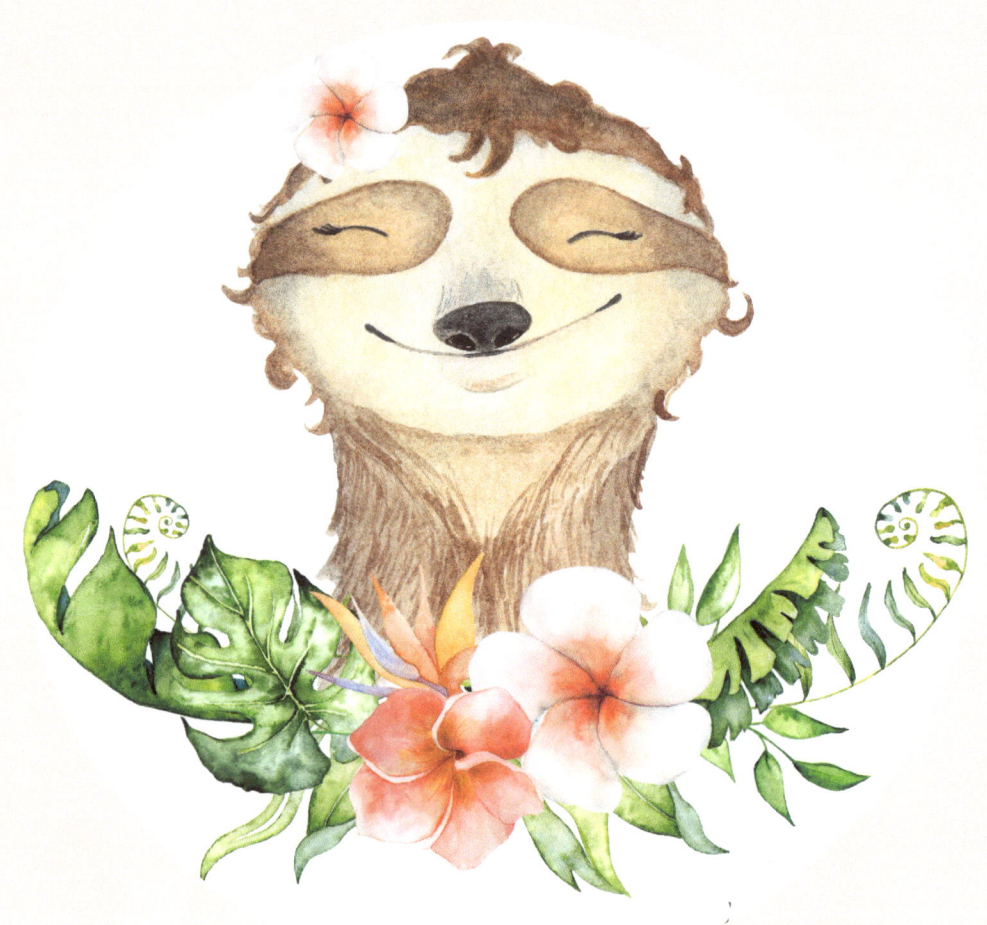

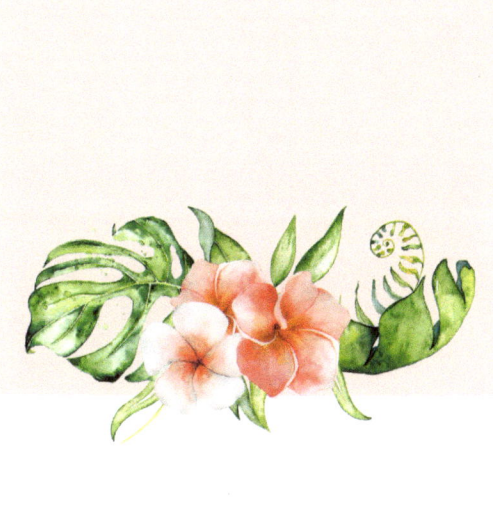

Denn Du bist
...faszinierender als Du glaubst.

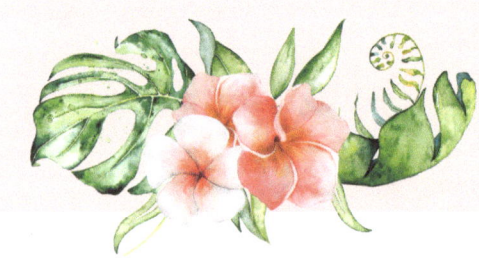

...geschickter als Du vermutest.

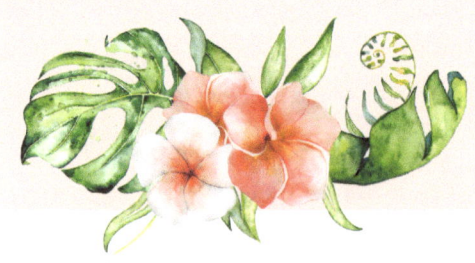

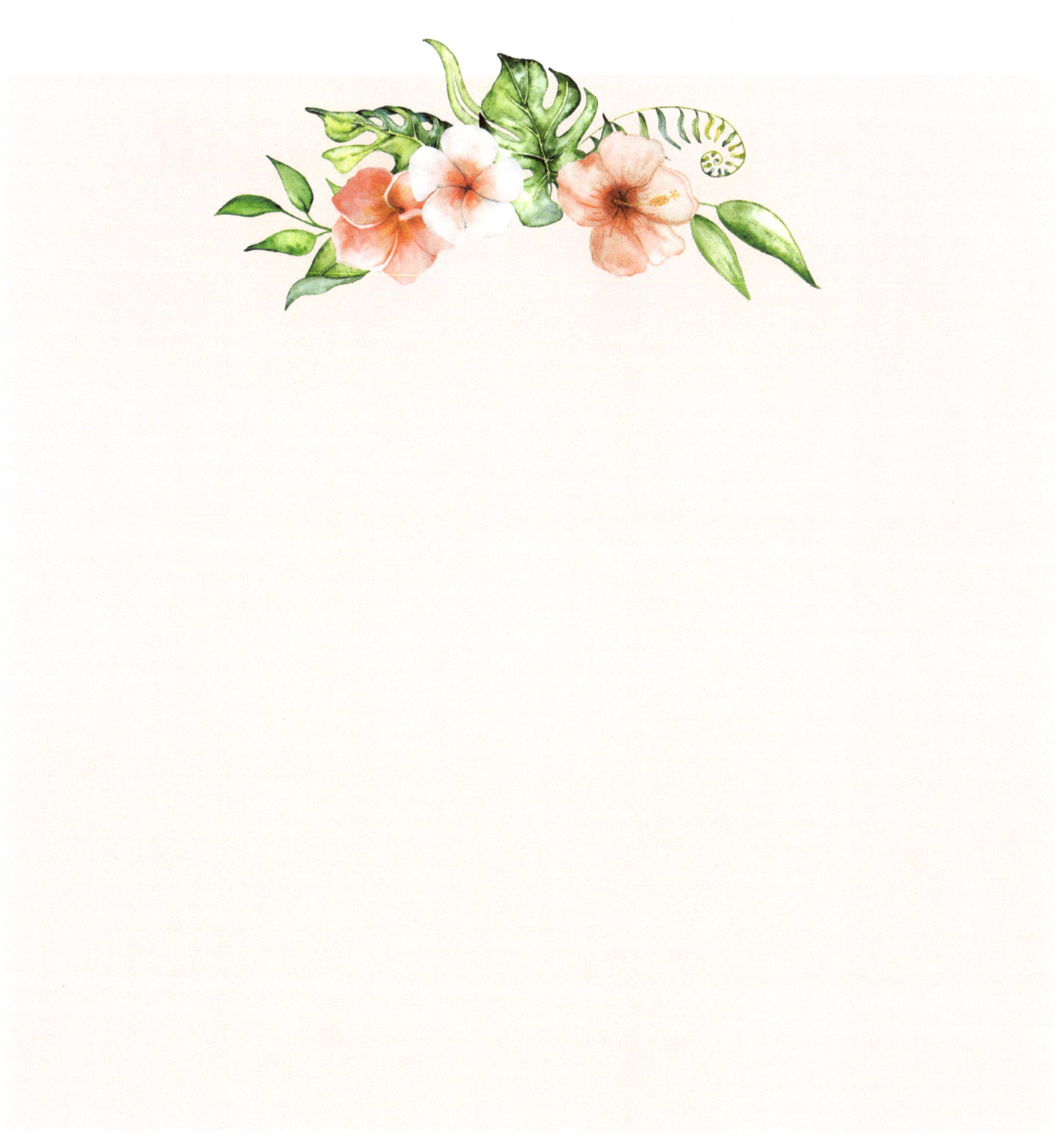

...mutiger als bekannt ist.

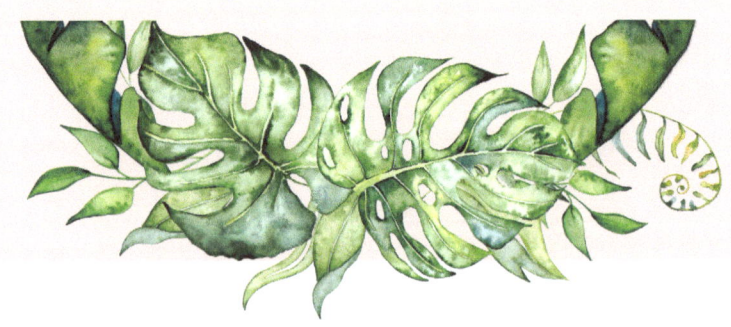

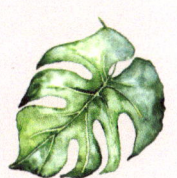

....zauberhafter als Du denkst.

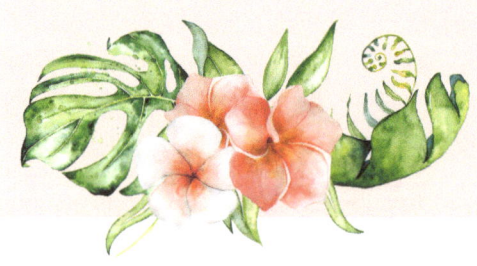

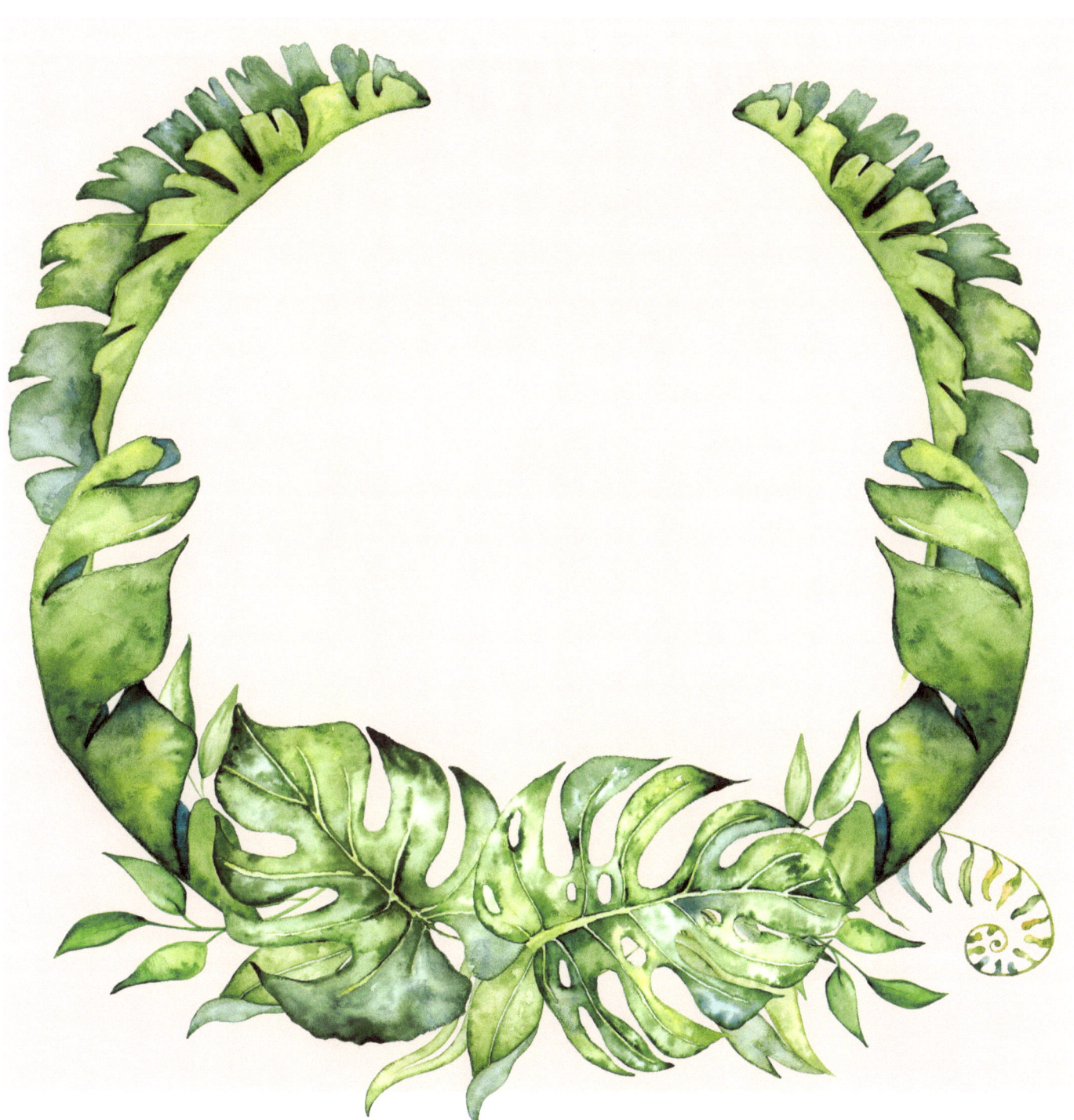

...freier als Du ahnst.

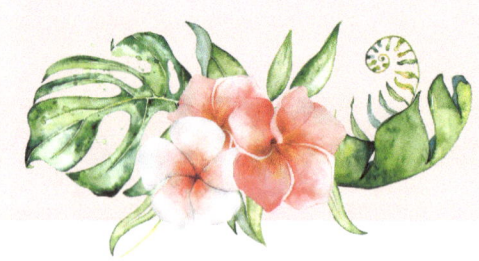

...talentierter als Du Dir eingestehst.

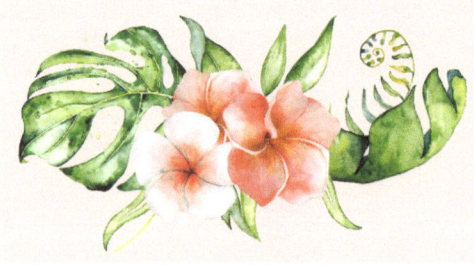

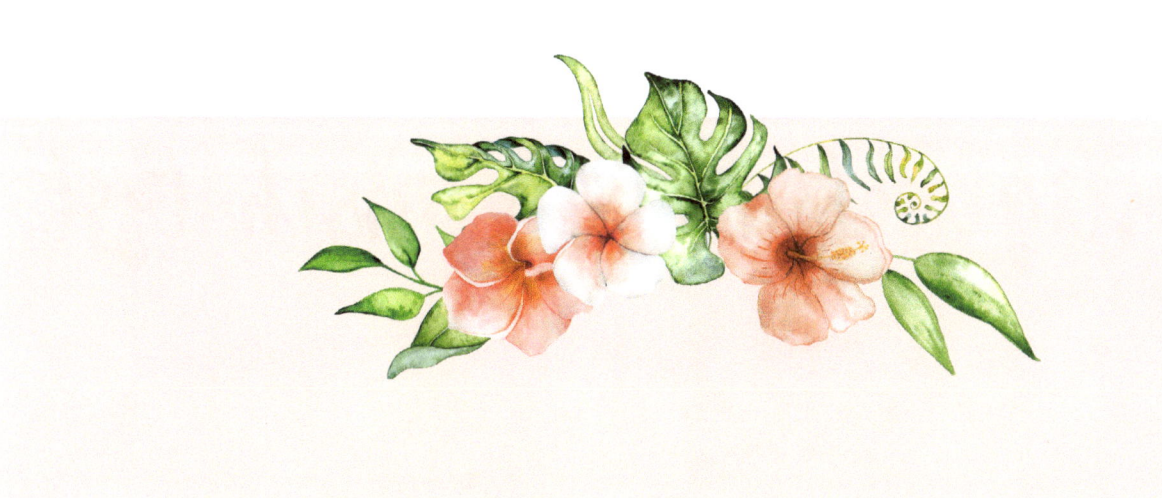

...lustiger als Du Dich einschätzst.

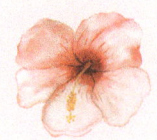

Du bist einfach wunderbar!

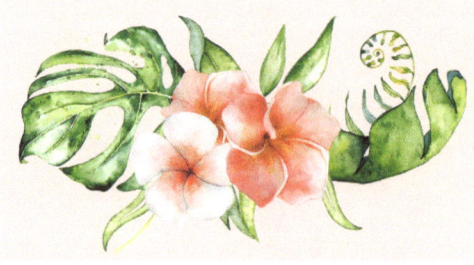

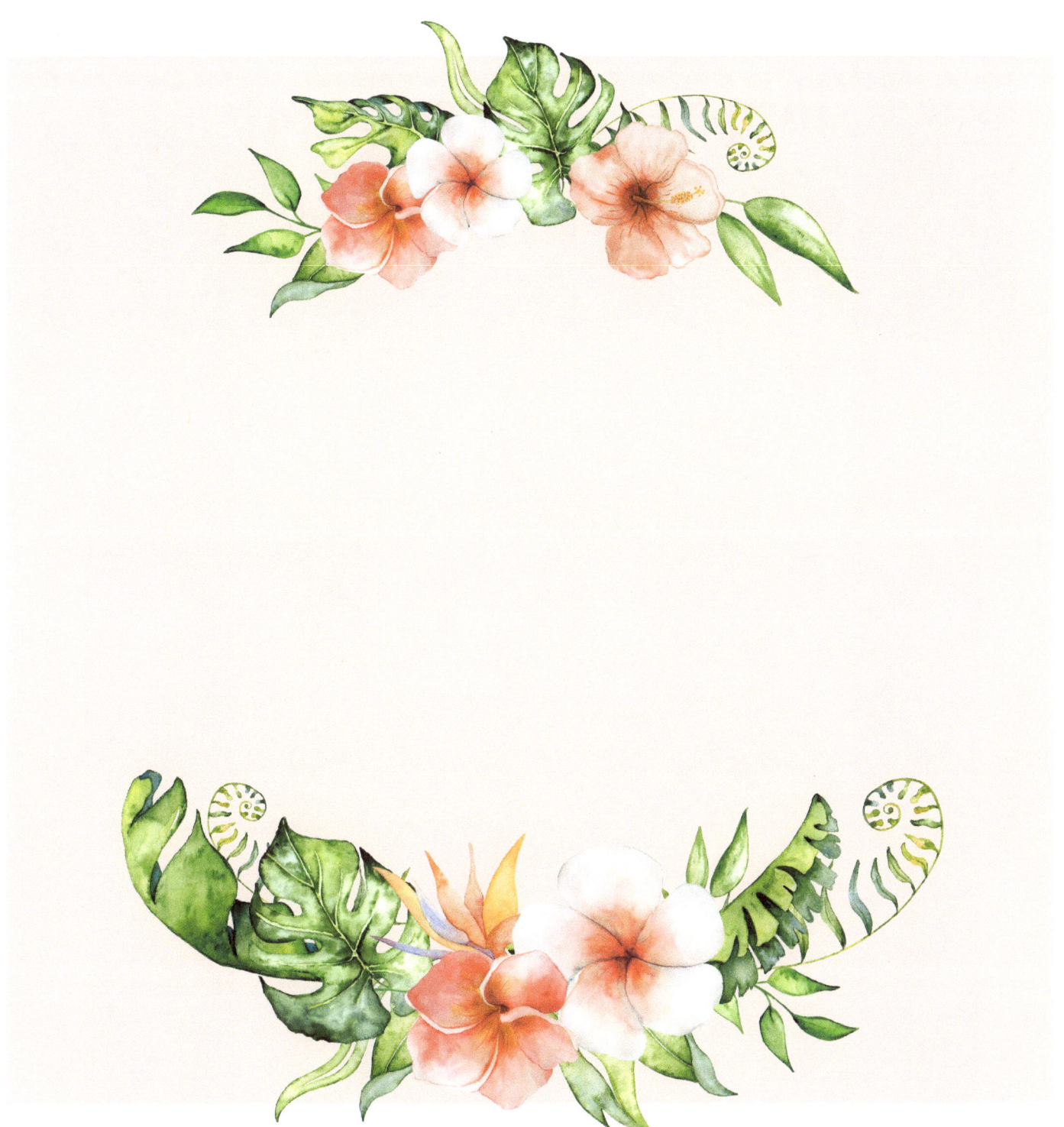

Und sollte doch mal etwas schieflaufen...

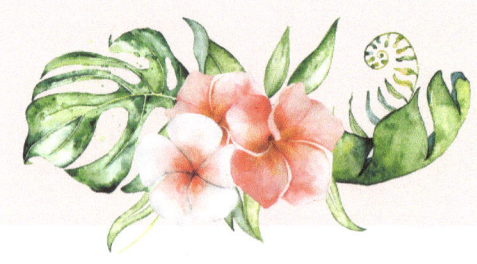

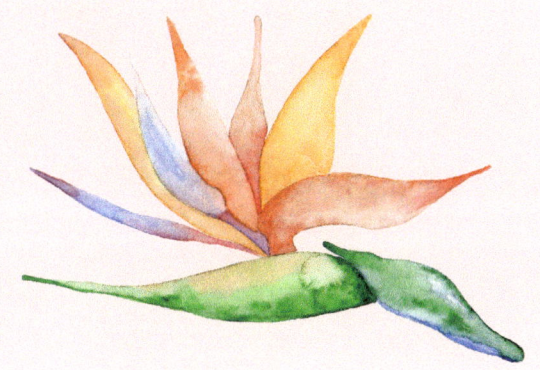

Keep cool & relax!

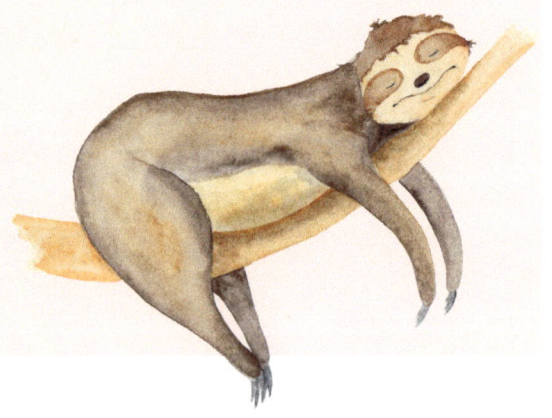

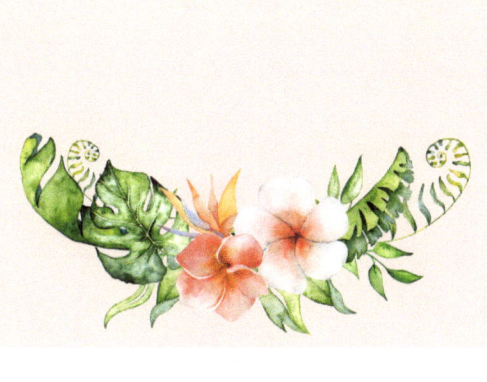

…ansonsten darfst Du mich/uns jederzeit um Rat fragen☺

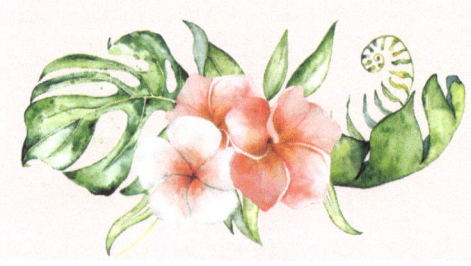

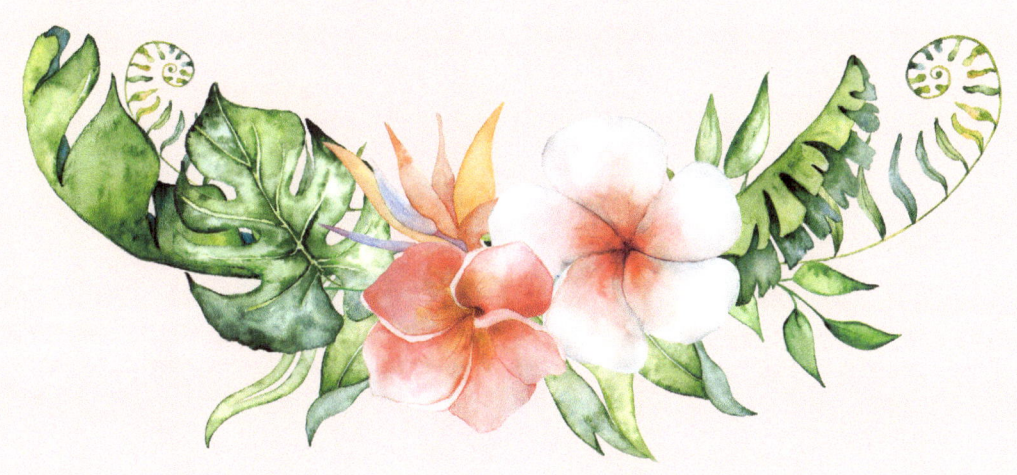

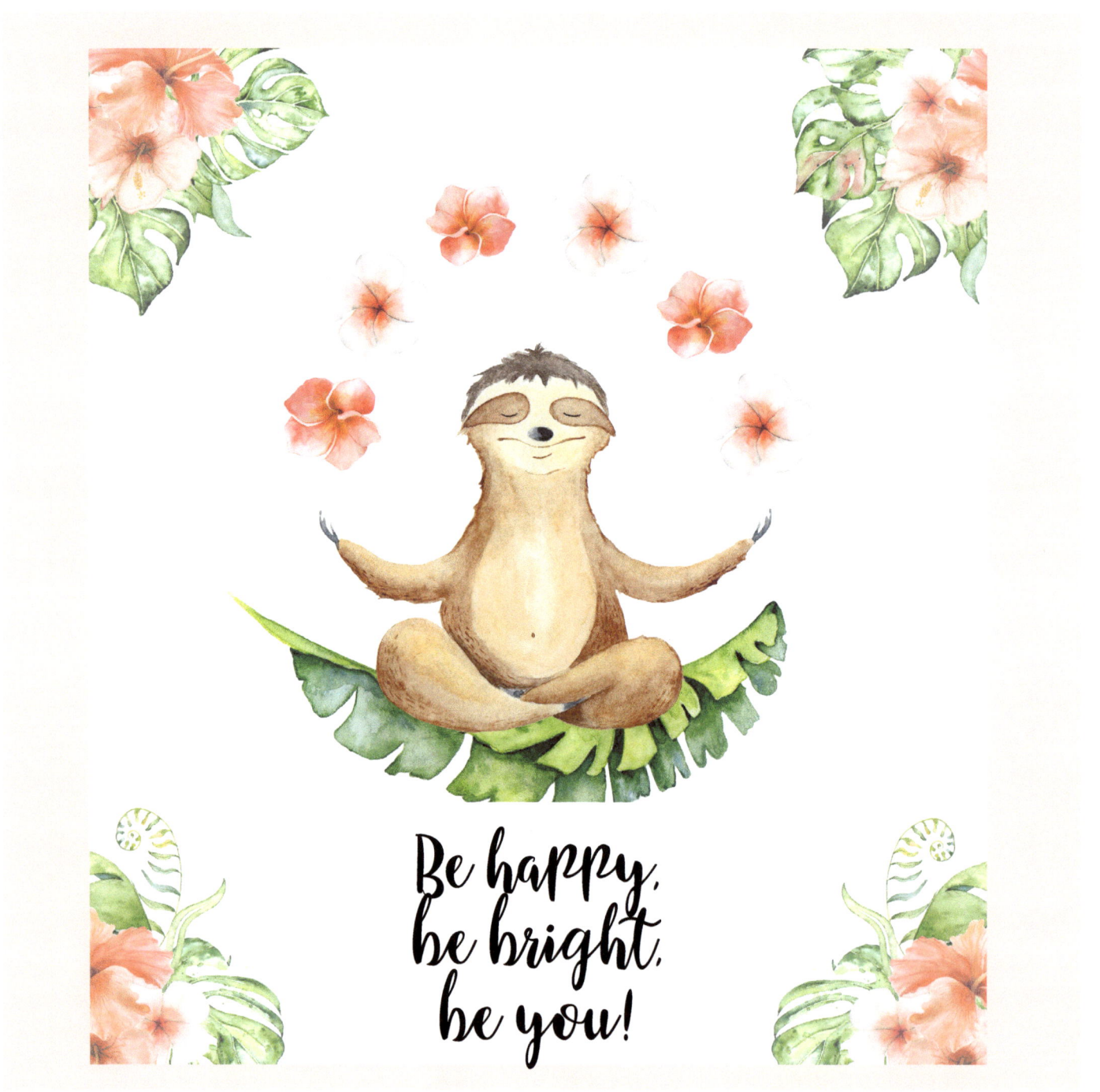

Andere Bücher aus der Geschenk Master Serie

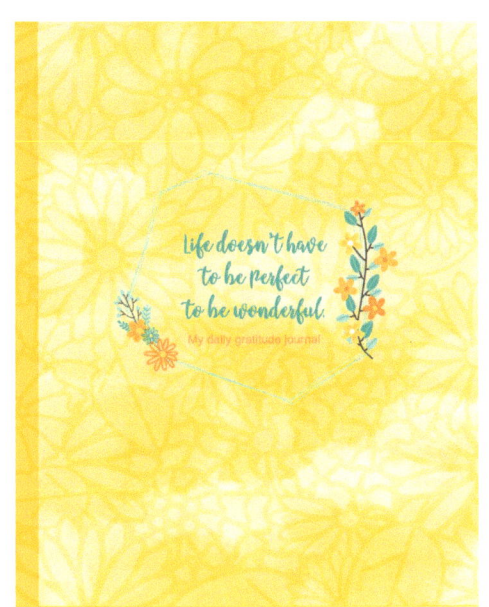 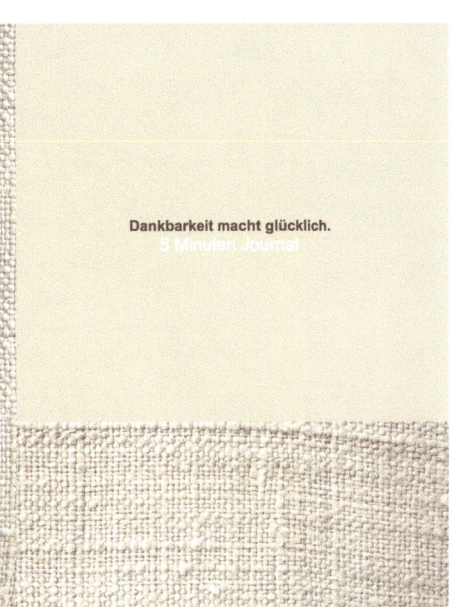

FINDE DEINEN VORNAMEN, INDEM DU IN DIE AMAZON SUCHE "GESCHENK MASTER + GEWÜNSCHTEN NAMEN" EINGIBST.

NAME NICHT DABEI? SCHREIB AN: REZEPTMASTER@GMAIL.COM

© GABI RUPP 2019
AM KÖNIGSBACHER BERG 49
75203 KÖNIGSBACH-STEIN
ALLE RECHTE VORBEHALTEN

www.ingramcontent.com/pod-product-compliance
Lightning Source LLC
Chambersburg PA
CBHW051829210526
45473CB00005B/1795